I0774572

Wie Gendert man im Jahre 2024 richtig?
Im Folgenden wird diese Frage <u>umfassend</u> erklärt.

Eine Produktion von Fabian Beck

Gar nicht!

Gar nicht!

Gar nicht!

Gar nicht!

Gar nicht!

Gar nicht!

Gar nicht!

Gar nicht!

Gar nicht!

Gar nicht!

Gar nicht!

Gar nicht!

Gar nicht!

Gar nicht!

Gar nicht!

Gar nicht!

Gar nicht!

Gar nicht!

Gar nicht!

Gar nicht!

Gar nicht!

Gar nicht!

Gar nicht!

Gar nicht!

Gar nicht!

Gar nicht!

Gar nicht!

Gar nicht!

Gar nicht!

Gar nicht!

Gar nicht!

Gar nicht!

Gar nicht!

Gar nicht!

Gar nicht!

Gar nicht!

Gar nicht!

Gar nicht!

Gar nicht!

Gar nicht!

Gar nicht!

Gar nicht!

Gar nicht!

Gar nicht!

Gar nicht!

Gar nicht!

Gar nicht!

Gar nicht!

Gar nicht!

Gar nicht!

Gar nicht!

Gar nicht!

Gar nicht!

Gar nicht!

Gar nicht!

Gar nicht!

Gar nicht!

Gar nicht!

Gar nicht!

Gar nicht!

Gar nicht!

Gar nicht!

Gar nicht!

Gar nicht!

Gar nicht!

Gar nicht!

Gar nicht!

Gar nicht!

Gar nicht!

Gar nicht!

Gar nicht!

Gar nicht!

Gar nicht!

Gar nicht!

Gar nicht!

Gar nicht!

Gar nicht!

Gar nicht!

GAR NICHT!

Wichtige Hinweise:
(1./2).Die Gender-Thematik ist eine sehr komplexe Thematik, die
je nach Mensch und Meinung variiert. Dieses Buch soll als
„lustiger Scherz" angesehen werden, und niemanden persönlich
angreifen oder gar verletzen.

(2./2.) Fanpost wird grundsätzlich kommentarlos vernichtet,
sollten Sie aber dennoch dem Autor dieses Buches etwas zu
schicken wollen, in Form eines Pakets oder eines Briefes, so
schreiben Sie bitte zuvor eine Email, an die genannte Email-
Adresse. Vielen Dank!

Impressum gemäß
§5 TMG (Telemediengesetz)

Fabian	Beck
Schlegelstraße	10
71229	Leonberg
Deutschland	Germany

fabianbeck71229@gmail.com

www.ingramcontent.com/pod-product-compliance
Lightning Source LLC
Chambersburg PA
CBHW061005260726
48661CB00005B/2063